EXPANDIR
As 7 etapas fundamentais para expandir seu negócio

Wayne Fox

Copyright © 2014 por Wayne Fox. Todos os direitos reservados. Nenhuma parte deste livro pode ser reproduzida de qualquer forma sem permissão por escrito do autor. Os revisores podem citar breves passagens nas resenhas.

Isenção de responsabilidade e isenção de responsabilidade da FTC

Nenhuma parte desta publicação pode ser reproduzida ou transmitida de qualquer forma ou por qualquer meio, mecânico ou eletrônico, incluindo fotocópia ou gravação, ou por qualquer sistema de armazenamento e recuperação de informações, ou transmitida por e-mail sem permissão por escrito do editor.

Embora tenham sido feitas todas as tentativas para verificar as informações fornecidas nesta publicação, o autor não assume qualquer responsabilidade por erros, omissões ou interpretações contrárias do assunto aqui tratado.

Este livro é apenas para fins de entretenimento. As opiniões expressas são de responsabilidade exclusiva do autor e não devem ser consideradas instruções ou comandos de especialistas. O leitor é responsável por suas próprias ações.

A adesão a todas as leis e regulamentos aplicáveis, incluindo licenciamento profissional internacional federal, estadual e local, práticas comerciais, publicidade e todos os outros aspectos de fazer negócios nos EUA, Canadá, Reino Unido ou qualquer outra jurisdição é de responsabilidade exclusiva do comprador ou leitor.

O autor não assume qualquer responsabilidade ou obrigação em nome do comprador ou leitor deste material.

Qualquer desrespeito percebido por qualquer indivíduo ou organização é puramente não intencional. Às vezes uso links afiliados com o conteúdo do livro. Isso significa que, ao fazer uma compra, receberei uma comissão de vendas. Isso, no entanto, não significa que minha opinião esteja à venda. Todos os links de afiliados listados no livro são os serviços e produtos para os quais eu mesmo usei e achei úteis. O leitor ou comprador deve fazer sua própria pesquisa antes de fazer uma compra online.

Conteúdo

1. Introdução

2. O que você já tem?

3. Qual é a sua estratégia?

4. O que nós precisamos?

5. Conclusão

6. Sobre o autor

Introdução

Você sabia que 90% das empresas iniciantes falham nos primeiros cinco anos?

Uma realidade fundamental na economia atual é que uma empresa deve crescer ou morrerá. Se o seu negócio está apenas na água, você precisa pensar em mudar agora! Injete um pouco de energia e vida nele ou, eventualmente, você fechará a porta pela última vez.

O título deste livro afirma que mostrarei os 7 passos fundamentais para expandir o seu negócio. À medida que o conduzo pelo livro, faremos uma viagem, examinando essas 7 áreas com muito mais detalhes e discutindo as opções disponíveis, uma por uma.

Escrevi este livro porque houve um período anterior em minha carreira em que procurei respostas que não estavam disponíveis, a menos que você optasse por contratar consultores de negócios. Essas pessoas eram caras e, para as pequenas empresas, essa é uma despesa cara que você pode dispensar. Portanto, sem dinheiro para consultores, como você impulsiona seu negócio?

Aprendi tudo o que sei por tentativa e erro: vinte anos de minha própria experiência direta e cerca de cinquenta anos de conhecimento transmitido pela experiência de meus pais e avós no mundo dos negócios.

As coisas que funcionaram, usei novamente, e as que não funcionaram, deixei cair ou ajustei até que funcionassem.

Neste livro, você obtém uma combinação de 160 anos de experiência empresarial de pessoas que viveram isso no limite, que transformaram vários negócios, de pequenos e médios players locais a grandes players operando nacionalmente e até internacionalmente, com a maioria deles cresceu com um orçamento relativamente pequeno e abrange vários setores.

Ter essa experiência transmitida a você por um custo muito baixo é provavelmente um dos melhores investimentos que você fará para você e sua empresa.

O que você já tem?

Antes de iniciar qualquer fase de crescimento do seu negócio, primeiro é importante dar um passo atrás no dia a dia dos negócios e fazer um balanço do que você já tem.

Muitas empresas tentam crescer quando não estão realmente prontas. Talvez o proprietário ganhe um contrato "único", consiga entregá-lo com sucesso, mas depois acredite que pode duplicar esse sucesso em vários projetos ao mesmo tempo. O crescimento dos negócios deve ser um crescimento empresarial sustentável. Observe que quando falamos sobre crescimento sustentável dos negócios, não estamos falando sobre ser "verde" ou "ecologicamente correto" ou sobre ser gentil com o meio ambiente. O crescimento sustentável do negócio significa um crescimento que você pode continuar construindo, um crescimento que não desaparece depois que você conclui uma venda específica ou um único projeto.

Isso é o que é o crescimento dos negócios. Mas seu negócio só poderá crescer quando você souber o que já tem e depois aperfeiçoá-lo.

Se você dedicar algum tempo para observar as empresas locais em sua área, notará que um pequeno número dessas empresas cresce em tamanho.

Isto é particularmente verdadeiro para as empresas de serviços, uma vez que estas são mais visíveis devido à sua escala, com os seus veículos e pessoal mais visíveis para o público em geral. Este fenômeno é provavelmente mais perceptível fora da cidade. Talvez você veja uma empresa de duas a três pessoas crescer e se tornar uma empresa de oito a nove pessoas de forma relativamente rápida. A partir deste ponto, uma de três coisas pode acontecer, dependendo de como o negócio está sendo administrado e de como foi configurado a partir do crescimento.

- A empresa cresce e depois sai da falência
- O negócio volta em menos de dois anos ao que era anteriormente
- O negócio continua a crescer.

O evento mais comum é a falência. Isso ocorre porque a empresa não possui os recursos necessários para proporcionar um crescimento sustentável.

Dependendo da própria experiência dos proprietários de empresas, muitas vezes eles ganham trabalho pré-crescimento, e esse trabalho só pode atingir o ponto de equilíbrio em termos de níveis de lucro, mas o proprietário não sabe porque eles apenas assumem que os seus níveis de preços estão corretos.

À medida que a empresa cresce, ela precisa de níveis adicionais de despesas gerais para mantê-la funcionando, os supervisores precisam de gerenciamento, os gerentes precisam de direção. Se você tiver investidores externos, eles desejam recursos adicionais para supervisionar os proprietários/gerência sênior, o que aumenta os custos de funcionamento do negócio e reduz ainda mais os lucros.

Se esse crescimento for construído no mesmo nível de preços do pré-crescimento, sem qualquer investimento adicional para despesas gerais e supervisão extra, os proprietários estarão trabalhando vinte e quatro horas por dia ou a empresa estará perdendo dinheiro desde o primeiro dia do crescimento. período.

Muitas vezes, quando uma empresa garante investimento externo para o crescimento, ela irá recrutar a equipe necessária para alcançar um crescimento rápido. Tudo bem porque o negócio está configurado para acompanhar esse crescimento, mas precisará atingir essas metas de crescimento rapidamente. Caso contrário, perderá dinheiro por cada dia que não os alcançar. Por um lado, esta é uma maneira rápida de expandir o negócio se for um modelo comprovado e os clientes estiverem prontos para comprar. Mas também acarreta um risco maior.

E se o negócio não atender às suas expectativas de crescimento?

Os investidores lhe darão mais dinheiro?

Quanto tempo você consegue continuar sem atingir seus números de crescimento?

Se seus números de crescimento são baseados no crescimento incremental ao longo de um período de tempo, mas você caiu, digamos, 10% no período 1, continuar no mesmo nível fará com que você caia 20% ou mais no período 2. Se você ' Depois de criar uma equipe sênior para gerenciar suas expectativas de crescimento do período 2, mas você caiu 20% nessas metas, seus custos operacionais são 20% (ou mais) maiores do que o esperado. Como você compensará esse déficit?

Sua resposta pode ser que você não recrutará os níveis de equipe do período 2 se não atingir suas metas. Está tudo muito bem, mas na realidade você recrutará essas pessoas com bastante antecedência em relação ao momento em que precisar delas. Leva tempo para encontrar as pessoas certas; o gerente médio médio leva de três a seis meses para recrutar, e um gerente sênior pode levar até um ano.

Quanto mais alto você sobe na cadeia alimentar, mais difícil é encontrar candidatos adequados, e todas essas pessoas têm que trabalhar um período de aviso prévio com seus empregadores existentes. Isto significa que para recrutar pessoal para o período 2, dependendo da duração de cada período, poderá procurar e entrevistar candidatos desde o primeiro dia da sua fase de crescimento.

Como você cobrirá os custos-alvo perdidos? Os investidores lhe darão os fundos para cobrir "custos ruins" ou simplesmente reduzirão suas perdas e sairão do negócio? Uma opção poderia ser adicionar um custo extra à sua linha de serviços/produtos, mas como adicionar 20% aos preços existentes o ajudaria a atingir suas metas? É mais provável que isso aumente drasticamente o seu déficit no período atual.

Uma alternativa a esse método de crescimento rápido é desacelerar um pouco e apenas assumir a equipe à medida que ela cresce. Isso pode causar uma sensação de "combate a incêndio"; à medida que o negócio enfrenta problemas, quase parece que você está crescendo antes de recrutar pessoas para gerenciar esse crescimento. É também uma maneira muito mais lenta de fazer o negócio crescer.

Como mencionei anteriormente, você deve ter em mente os prazos envolvidos no recrutamento de candidatos adequados. Se você não recrutar até que tenha uma necessidade sólida desse indivíduo, é provável que, quando o candidato começar, você também precise de outra pessoa. Cada opção pode ter seu próprio conjunto de dores de cabeça e frustrações.

Minha recomendação é que você use uma combinação de ambas as opções se tiver recursos financeiros para fazê-lo. Isso pode significar que você recruta para qualquer função, especialmente de gerenciamento, alguns meses antes de serem necessários. Isso significará um custo para o negócio, mas você terá essa pessoa pronta para agir, em vez de sempre persegui-lo. Eu mesmo já usei essa opção em empresas.

Outra razão para o fracasso no crescimento é que, quando uma empresa cresce, recruta novas pessoas para satisfazer essa procura extra.

Muitas vezes, os recursos para esse crescimento não são planeados e, por isso, o recrutamento é a última coisa a fazer.

Isso significa que a nova equipe começa a trabalhar no primeiro dia com muito pouco treinamento sobre como a empresa faz as coisas. A empresa provavelmente possui poucos ou nenhum procedimento de orientação para novos funcionários. Então, quando as coisas dão errado, os proprietários culpam os novos funcionários e se perguntam por que não conseguem encontrar bons funcionários. Ao usar uma combinação de treinamento e orientação, a maioria dos funcionários deverá realizar o trabalho com sucesso.

Um ponto a ter em mente para fazer isso da maneira certa é treinar sua equipe existente para se tornarem embaixadores da maneira certa de fazer as coisas. À medida que o negócio cresce, capacite os funcionários existentes para treinar os novos funcionários sobre como fazer as coisas. Você já pode encontrar algumas pessoas naturalmente fortes no ramo.

Talvez você identifique essas pessoas como aquelas que têm opiniões fortes sobre como as coisas são feitas. Se deixadas sozinhas, essas pessoas podem prejudicar o negócio. No entanto, se você usá-los a seu favor e treiná-los sobre como deseja executar as tarefas, poderá descobrir que tem um líder muito forte e alguém que pode ensinar aos outros com eficácia como um processo deve ser executado.

A utilização deste método de delegação reduz a contribuição dos proprietários, bastando apenas um processo de auditoria ao pessoal a cada poucos meses, ou talvez por contrato. Você saberá qual frequência é melhor para o seu negócio e pode ser um caso de tentativa e erro, dependendo de quanto você intervém para resolver os problemas.

Todas as empresas precisam crescer. Pense nisso como um carro. Você dirige seu carro, tem um pedal GO e um pedal STOP. Se você não estiver pressionando o pedal GO, você estará desacelerando.

Eventualmente, você ficará parado e, nesse ponto, o carro morrerá. Você pode decidir a que velocidade seu carro vai variando a pressão aplicada no pedal GO, mas o mais importante é que você pressione o pedal GO.

Ao pressionar o pedal GO, o carro precisa de combustível (ou seja, de seus recursos, clientes e investimento), mas quanto mais rápido ele anda, mais terreno ele percorre. É a mesma coisa no seu negócio. Continue impulsionando o negócio ou ele irá paralisar.

Para estender ainda mais essa metáfora, imagine seu negócio como uma corrida de automóveis. Os outros carros na pista são seus concorrentes. Se você desacelerar, eles o ultrapassarão e tirarão de você mais participação no mercado. Existe apenas um número limitado de clientes que você pode ter sem crescer.

Se você pudesse participar de várias corridas, poderia estar indo devagar em todas elas, mas pelo menos estaria ganhando impulso em cada uma delas. Continue impulsionando seu negócio e conquiste mais terreno do que seus concorrentes.

O crescimento de um negócio pode significar o aumento das vendas/lucros ou pode significar o crescimento dos canais de vendas, locais, número de funcionários ou novos produtos ou serviços.

O crescimento não precisa ser o crescimento forte e rápido das vendas que geralmente consideramos ser o crescimento do negócio. Pode ser simplesmente o processo de evolução. Quando falamos de pessoas que crescem como parte de um processo de aprendizagem, não estamos falando de crescimento físico, como ficar mais alto ou mais gordo. Estamos falando de crescer ou evoluir internamente.

Muitos consultores de negócios falam sobre uma empresa que precisa de sistemas implementados para crescer. Esta é uma parte importante do crescimento de um negócio, mas constitui apenas uma parte do processo de crescimento. Considere uma empresa com todos os sistemas imagináveis, mas sem canais de vendas. Já vi isso acontecer com algumas empresas.

Imagine uma pequena loja de rua. É difícil para esse negócio crescer em tamanho físico sem grandes investimentos (expandindo para a loja ao lado ou adicionando vários andares).

Esse crescimento acarreta factores de risco extremamente elevados, uma vez que a empresa tem de duplicar o seu volume de vendas da noite para o dia apenas para pagar por esse espaço extra. Sem considerar as oportunidades de crescimento virtual online para um negócio de varejo, ainda é possível que o negócio cresça sem alugar espaço extra, o que abordaremos nos capítulos posteriores.

Então, o que você já tem? Vamos examinar o essencial.

O modelo de negócios

- Qual é o seu modelo de negócios?
- Como a empresa alcança seu cliente?
- Como o negócio ganha dinheiro?

Vejamos como exemplo um modelo de negócio típico de uma padaria. Talvez a padaria geralmente asse o produto e depois o entregue a vários revendedores, ou talvez até mesmo a pequenos supermercados. Pode ganhar dinheiro com cada unidade vendida pelos revendedores ou pode atuar apenas como fornecedor do revendedor (como um atacadista) e ser pago na entrega.

Seu modelo de negócios abrange todo o processo de negócios do início ao fim. Não precisa ser único; existem vários negócios imitadores, especialmente no setor de serviços, e tudo bem. Não adianta reinventar a roda se ela funcionar.

Resumidamente, para conhecer ou aperfeiçoar seu modelo de negócio, você precisa saber:

- Quem são seus clientes?
- Como você cria valor para esses clientes?
- Como você alcança esses clientes em termos de entrega e vendas?
- Como você gerencia o cliente?

- Como você ganha dinheiro e quais são suas fontes de receita?
- De quais recursos você precisa?
- Quando você precisa desses recursos?
- Onde você precisa desses recursos?
- Quais sistemas e processos você precisa implementar para executar esse processo com eficiência?
- Como você fornece recursos para seu negócio?
- Você terceiriza, faz parceria ou apenas empregar a equipe diretamente?
- Quais são os seus custos diretos e indiretos?
- Qual é o seu empatar apontar?
- Quais margens de lucro você obtém e quanto em cada produto/serviço?
- Quanto você pode reduzir seus aumentos no caso de uma guerra de preços começando com um concorrente?

O porquê

Por que você montou seu negócio?

Por que um cliente deveria comprar de você e não de um concorrente?

Isso pode ter um significado mais profundo do que simplesmente servir um cliente e ser pago por isso. Talvez você tenha planos de mudar o setor para melhor.

Considere suas próprias paixões. Se você leu meu primeiro livro da série – *'SEED: Os 7 passos fundamentais para começar seu próprio negócio'*, você saberá que falo sobre como iniciar um negócio baseado em suas paixões. Devo acrescentar que essas paixões devem ser algo que gere dinheiro, e você deve posicionar o negócio de forma que possa desfrutar de sua paixão, mas ainda assim ganhar dinheiro.

O mesmo conselho também é relevante aqui. Se você não é apaixonado pelo seu negócio ou pelos motivos para fazê-lo, você deve mudá-lo ou alterar os motivos para fazê-lo. Você acabará com uma empresa que tem uma missão real, que você pode capacitar sua equipe para apoiar e aderir diariamente.

Você pode seguir as regras deste livro e expandir seu negócio dez vezes o tamanho atual. Mas sem ter paixão ou um "porquê", você provavelmente se sentirá vazio.

Eu mesmo já estive nessa situação e conheço alguns outros empreendedores que também passaram. Pessoalmente, me senti perdido e sentindo falta de algo em minha vida. Sem paixão, você nunca se sente verdadeiramente completo, e muitos empresários muitas vezes sentem o mesmo, muitas vezes saindo para comprar itens materiais na esperança de preencher esse "vazio" interior, mas é claro que não conseguem encontrar a peça que falta.

Como último ponto desta seção, você também pode vincular o seu "porquê" ao USP (Ponto de

Venda Único) do seu negócio. É exatamente isso que faz com que um cliente escolha você em vez de seus rivais.

Os canais de vendas

Como você atualmente alcança seus clientes-alvo para obter vendas?

Quais técnicas de marketing você usa?

Para esta seção, quero que você analise seu livro de vendas dos últimos doze meses. Tente entender de onde veio cada cliente e como eles conheceram sua empresa. Se o seu negócio é baseado em serviços, isso deve ser muito fácil de fazer. Pode ser um pouco mais difícil se sua empresa for um varejista de rua; talvez você precise fazer um pouco de pesquisa ou começar agora a monitorar a origem dos clientes nos próximos doze meses ou mais.

Sua pesquisa pode levar você a uma descoberta surpreendente. Talvez seus clientes tenham encontrado você por meio de uma campanha de mala direta, do evento local de arrecadação de fundos de caridade que você patrocinou ou talvez tenha sido por meio de seu site, por meio de um anúncio pago por clique no Google.

Liste todos eles. Se possível ao lado de cada um, identifique o custo de cada um. Por exemplo, digamos que você expôs em uma feira comercial. Seu custo foi de US$ 500 em taxa de exposição, US$ 300 em custos de pessoal e US$ 200 em folhetos. Seu custo total para expor, portanto, foi de US$ 1.000, pelos quais você conquistou 10 clientes no evento e talvez 100 leads. Você pode dividir isso em um custo de US$ 100 por cliente e US$ 10 por lead.

Nesta fase, certifique-se de incluir quaisquer custos diretos de mão de obra, bem como outras despesas incorridas em cada ponto de seus cálculos. Pode-se calcular que você enviou diretamente 2.000 leads, com um custo de material muito pequeno, mas sua equipe levou 200 horas para fazer isso. Em contraste, uma feira comercial tinha um grande custo "externo", mas custos "internos" muito baixos.

Ao atribuir um valor ao elemento trabalho, você terá uma imagem mais clara da melhor maneira de expandir seu negócio.

É importante notar neste ponto que mesmo que um lead ainda não tenha produzido uma venda, ele não deve ser descartado. Como parte do monitoramento de seus leads, você desejará ver as taxas de sucesso por mês, acompanhando o lead desde a introdução até a venda final, e precisará saber qual é o prazo médio de cada atividade para converter o lead em uma venda. Se houver alguma atividade de acompanhamento durante o processo, inclua também os custos em sua análise.

Atividades diferentes podem ter custos diferentes por lead. Discutiremos isso mais adiante no livro.

Em seguida, precisamos examinar todos os seus canais de vendas existentes. Um canal de vendas é como você alcança o cliente.

Se você colocar um anúncio nas páginas amarelas, esse é o seu canal de vendas.

Se alguém apresenta regularmente sua empresa a novos clientes, esse é o seu canal de vendas. Talvez você tenha vários parceiros ou apresentadores? Talvez alguém se refira extraoficialmente a muitos negócios à sua maneira. Se possível, liste todos eles, juntamente com os resultados medidos, os custos incorridos para cada um, o número de leads, o número de clientes garantidos, etc. Basicamente, você precisa reunir o máximo possível de dados para análise neste ponto, para que possamos ter as informações disponíveis posteriormente.

O time

Se você leu meu primeiro livro desta série, sabe como é importante conhecer seus próprios pontos fortes. É igualmente importante conhecer os pontos fortes e fracos da sua equipe.

À medida que seu negócio cresce, a ênfase passa a ser menos sobre você pessoalmente e mais sobre sua equipe. Você não será capaz de expandir seu negócio se ele depender de sua presença, então você precisa reduzir sua presença nele o mais rápido possível.

Procure remover-se em etapas. Inicialmente, retire-se das funções práticas, por exemplo, do serviço diário ou da entrega de produtos. Numa empresa de construção, esse papel prático seria o construtor, o carpinteiro, o operário, etc. Numa hotelaria, seria o chef, a empregada doméstica, a recepcionista e o pessoal do restaurante. As funções práticas são as funções principais, aquelas pelas quais a empresa é paga para desempenhar.

Para se remover, você precisa de uma boa equipe que saiba o que fazer e como você gostaria que fosse feito.

Uma palavra de cautela aqui: se você está lendo meu livro como um funcionário da alta administração com a ambição de provar seu valor e expandir os negócios de seu empregador, afastar-se do negócio pode significar algumas consequências desastrosas para você no futuro, por razões óbvias. Os negócios do seu empregador podem experimentar um crescimento substancial. Nesse ponto, você provavelmente pedirá um aumento salarial ou um bônus por todo o seu trabalho duro. Antes de fazer isso, considere o seguinte: seu empregador agora tem um negócio funcionando perfeitamente, um crescimento que é percebido por todos ao seu redor, mas não há mais necessidade de sua função, já que você basicamente se afastou do negócio.

Você receberá um aumento salarial? Ou seu salário será interpretado como uma despesa extra para a empresa agora? Meu conselho para você, como funcionário, é passar este livro ao seu empregador ou iniciar seu próprio negócio. Se você escolher a primeira opção, posicionar-se como o futuro líder do negócio é a melhor estratégia. Se você escolher a última opção, meu primeiro livro da série o ajudará a começar.

Depois de deixar a função prática, você se retirará da função de vendas se estiver envolvido nisso – presumindo que a prestação de serviços e o processo de vendas sejam realizados separadamente. Para fazer isso, você precisará de bons canais de vendas. Isso pode envolver uma boa equipe de vendas. Ou, por exemplo, um hotel pode envolver agências de reservas e sistemas de reservas on-line que eliminam a necessidade de fazer reservas de hotéis no local. Ao utilizar as tecnologias ou parceiros certos, você pode minimizar seu próprio tempo, liberando-o para se concentrar em outras áreas do negócio.

Por fim, você se afastará do dia a dia do negócio, seja na supervisão de tarefas ou no gerenciamento mais amplo. À medida que o negócio cresce, você pode trazer pessoas mais experientes em funções de supervisão/gerência intermediária/gerência sênior. Realisticamente, essas posições provavelmente podem desempenhar a maioria das funções melhor do que você.

Lembre-se de que sua equipe é o ponto forte do seu negócio e há especialistas disponíveis para cada tipo de função.

Você pode ser o fundador da empresa, mas isso não o torna automaticamente melhor no desempenho de uma tarefa específica do que alguém que faz isso todos os dias de sua carreira há 40 anos e é potencialmente um dos melhores em seu setor. Se você conhece seus pontos fortes, pode formar uma equipe ao seu redor para complementar seus próprios pontos fortes.

Liste cada membro da equipe individualmente de acordo com seu nome, localização, qualificações, funções, experiência e para quais funções você considera mais adequados. Em seguida, peça-lhes que façam o teste de perfil de personalidade que mostrei em meu primeiro livro. É gratuito e irá ajudá-los, assim como você compreenderá seus pontos fortes e fracos.

Para fazer isso, acesse www.geniusu.com. O teste é gratuito e levará apenas 2 minutos para ser concluído.

Neste ponto, se você ainda não o fez, recomendo a leitura do meu primeiro livro da série. Isso o ajudará a compreender sua própria personalidade e fornecerá as ferramentas e sua estratégia pessoal para desenvolver seu negócio, juntamente com o papel fundamental que você deve desempenhar no desenvolvimento do negócio no futuro.

Falaremos sobre o que os resultados significam para sua equipe mais adiante neste livro, mas por enquanto, anote os resultados para cada um dos membros de sua equipe. Você pode incentivar cada um de seus funcionários a assistir também aos vídeos que acompanham.

Se você trabalha com vários parceiros e depende deles para determinadas áreas do seu negócio, peça-lhes que façam o teste também. É importante entender toda a equipe e como eles podem se encaixar nela. Seu negócio será tão forte quanto o membro mais fraco de sua equipe.

Se você gasta tempo e dinheiro desenvolvendo sua equipe interna com um alto padrão, mas seu parceiro e sua equipe externa não fazem o mesmo, isso pode ser prejudicial ao sucesso do seu próprio negócio. Afinal, se esses parceiros externos fizessem realmente parte da sua equipe interna, você investiria neles para ajustá-los ao mesmo padrão de todos os demais.

Os Sistemas

Quais sistemas você já possui?

Você tem procedimentos escritos em vigor?

Como a equipe sabe como realizar uma tarefa específica e acertar na primeira vez, de acordo com as expectativas perfeitas de você e de seu cliente?

Como você revisa, testa e audita quaisquer sistemas ou procedimentos existentes?

Se você não tem nada para controlar seu processo, você pode realmente culpar sua equipe quando eles erram?

O elemento humano é a maior causa do fracasso empresarial. Não há duas pessoas que pensem ou interpretem da mesma maneira. O "perfeito" de uma pessoa é o "medíocre" de outra. Explique as coisas em detalhes intrincados, anote-as, grave-as em vídeo, explique-as novamente, pratique-as continuamente, teste-as e então melhore quaisquer áreas de fraqueza ou mal-entendido. É assim que um sistema funciona. Você começará pequeno e expandirá através do sistema até cobrir todas as partes do seu negócio.

Muitas pessoas associam sistemas a software ou tecnologia de TI. Essa é uma associação errada. A tecnologia apenas torna seu sistema e procedimentos mais eficientes. É perfeitamente possível construir seus sistemas em torno de tecnologia e software existentes, mas mesmo se

você tiver software como parte de seus sistemas, o elemento humano ainda terá que usar essa tecnologia de forma eficaz ou ela será ineficaz e um desperdício caro de tempo e dinheiro.
Certifique-se de que também existam procedimentos para o uso da tecnologia.

A melhor maneira de saber o que você já tem é pensar em cada tarefa que você executa, listá-las em ordem numérica e depois ver se você possui um procedimento escrito e testado para cobrir cada tarefa ou processo.

Outra opção é procurar áreas comuns de reclamação ou áreas problemáticas no negócio. Normalmente serão áreas onde você passa a maior parte do tempo combatendo incêndios ou resolvendo problemas. Também podem ser áreas das quais os funcionários e/ou clientes reclamam.

À medida que você avança no negócio consertando cada um deles, você verá que sua vida ficará mais fácil, com sua equipe e clientes cada vez mais felizes com você.

Ao fazer isso, você entenderá melhor o que precisa ser feito para melhorar o negócio a seguir, fornecendo uma lista de tarefas para as quais você poderá alocar seu tempo. Isso é o que chamamos de trabalho *sobre* o negócio, não funciona *em* o negócio.

A melhoria de sistemas é um processo contínuo de teste, medição e melhoria; não se preocupe se não for perfeito nesta fase.

Qual é a sua estratégia?

Qual é a sua estratégia de crescimento?

Caso você não tenha percebido ao ler o livro até agora, para alcançar o crescimento sustentável do seu negócio, você precisa de uma série de peças do seu quebra-cabeça de crescimento, mas precisa que elas aconteçam todas ao mesmo tempo, enquanto trabalha em alinhamento entre si. Imagine a imagem de um palhaço de circo girando pratos no ar!

Ok, aqui estão as peças desse quebra-cabeça de crescimento; você precisará:

Visão: Onde você quer ir?

Estratégia: Como você vai conseguir isso?

Um bom modelo de negócios: É escalável e ganha dinheiro em grande escala?

Uma razão: Por que você faz isso?

Vários canais de vendas: Vestirnão confie em uma pessoa para alimentá-lo.

Rcerto Tdela, Rcerto Scome: Nósnão estamos tocando cadeiras musicais aqui

O Rcerto Ssistemas: Consistência sempre

Forte Fluxo de caixa: Dinheiro é oxigênio para o negócio

Investimento: Tanto financeiro quanto de coração e alma investidos no negócio. Se você puder ter outras pessoas em sua equipe para também investirem de coração e alma no negócio, você será um vencedor.

Visão

Você sabe o quão grande você gostaria de expandir seu negócio?

É uma meta alcançável e realista?

É possível que uma empresa composta por duas pessoas se torne uma empresa global? Sim, é possível, mas você tem todas as peças do seu quebra-cabeça de crescimento para que isso aconteça? Transformar um negócio de duas pessoas em um negócio global significará fazer mudanças significativas em seu modelo de negócios anterior e em sua maneira de pensar. Os fundadores do Google se estabeleceram com a intenção de serem apenas eles mesmos ou começaram com a intenção de empregar milhares de funcionários em todo o mundo?

Esta é a sua visão. Pinte um quadro de como você vê o futuro quando alcança sua visão. Como será realmente o futuro? Qual vai ser a sensação? Imagine isso em cada detalhe. A maneira mais fácil de fazer isso é pensar em como você gostaria que sua vida fosse daqui a dez anos e, em seguida, pensar em como seria sua empresa para criar essa vida para você. Esta etapa consiste em entrar na sua máquina do tempo e imaginar viver sua vida daqui a dez anos.

Se você deseja que seja um negócio nacional, não diga apenas: "Quero que seja nacional". Seja específico. Não é se a sua visão é alcançável ou não. Trata-se de ser capaz de medir o progresso. Se você puder medi-lo, terá muito mais chances de alcançá-lo. Por exemplo, você poderia dizer: 'Quero ter vinte funcionários em cada estado'. Mas você pode ser mais específico dizendo: "Quero dez funcionários na cidade de Nova York, cinco funcionários em Syracuse e cinco funcionários em Buffalo". em seguida, siga esta prática para cada estado.

Quanto mais específico você for em sua visão, mais fácil será atingir seus objetivos. Não precisa ser apenas o número da equipe. Também pode ser volume de vendas, presença, nível de lucro, números de veículos, contratos, lojas de varejo, números de clientes, leads, etc.

Outro exemplo poderia ser o uso de números de vendas. Em vez de dizer "Quero 2.000 clientes", descreva como isso é feito. Por exemplo, você pode ter 1.200 clientes na cidade de Nova York, 300 em Syracuse e 500 em Buffalo, ou pode ser dividido em cada estado. Indo um passo adiante, se você puder acessar os dados do CEP, poderá dividir os números por CEP. Se você sabe que deseja garantir 50 clientes adicionais em Buffalo, divida esta cidade em códigos postais. Existem 20 códigos postais em

Buffalo, o que significa que você só precisa de um pouco mais de 2 clientes em cada código postal. Essa meta não parece muito mais fácil de alcançar? Contanto que você possa medi-lo, provavelmente poderá alcançá-lo.

A etapa final do processo de Visão é analisar sua visão de longo prazo de dez anos e perguntar-se como ela seria em diferentes pontos desse cronograma. Pessoalmente, gosto de ter uma visão de dez anos, dividida em uma visão de três anos e depois em uma visão de um ano. Quando você chegar ao próximo estágio, é melhor dar mais um passo e considerar como será no final do próximo trimestre - isso lhe dá uma visão de como será a vida daqui a três meses. Esperamos que agora você possa ver um caminho claro de como sua vida se desenvolverá em cada visão até chegar a esse ponto final.

A probabilidade é que você não atinja sua visão nessas escalas de tempo, pode demorar um pouco mais, mas seguir esse caminho definirá a intenção de como você deseja que as coisas sejam e, olhando para trás daqui a dez anos, você reconhecerá uma grande mudança em sua vida, em como as coisas eram "naquela época".

Como você vai conseguir isso?

Esta é a seção 'como'. Você sabe o que deseja alcançar. Agora você precisa de um roteiro para chegar lá.

A melhor maneira de iniciar esse processo é imaginar que você já conseguiu isso e dividir suas etapas em tarefas bem pequenas. Imagine-se no futuro olhando para trás. Quais foram as principais coisas que tiveram um grande impacto no caminho para você alcançar seu objetivo hoje. Um bom exercício para isso é pensar em algo que você já conquistou na vida, depois olhar para trás e pensar nas 3 ou 4 coisas que você fez para alcançá-las.

Exemplo

Vamos considerar que seu objetivo há dez anos poderia ter sido iniciar seu próprio negócio. Provavelmente houve alguns marcos de alto nível que você alcançou ao longo do caminho que o direcionaram para onde você está hoje. Eles poderiam ser:

1. Você obteve uma qualificação no tipo de serviço que a empresa oferece
2. Você ganhou um tipo específico de experiência trabalhando para um antigo empregador
3. Você construiu um relacionamento com um cliente-chave que lhe permitiu começar

4. Você cresceu e passou a ter seus primeiros dez clientes
5. Você empregou seu primeiro funcionário
6. Você obteve credenciamento para seu serviço, da associação do setor
7. Você garantiu seu primeiro grande contrato, precisando de 3 funcionários em tempo integral

Com cada um desses sete marcos principais, você sabe que tinha muitas tarefas menores que precisava concluir para atingir cada marco.

A partir do seu trabalho nos capítulos anteriores (coleta de dados sobre clientes, registro de cronogramas do processo de vendas, etc.), você tem uma compreensão mais clara do que precisa fazer. Replique essas ações anteriores de forma planejada para ajudá-lo a definir pequenos marcos. Dividindo essas pequenas etapas, você pode ver onde estão os marcos em uma linha do tempo e quais processos dependem de outras tarefas.

Se você já esteve envolvido no gerenciamento de projetos antes, esse processo deve ser bastante fácil, pois segue os mesmos princípios. Se você tiver outra equipe e for possível usar o trabalho diário deles como parte do alcance de seus marcos, você alcançará sua visão com muito mais rapidez. Sua equipe também se sentirá capacitada para fazer parte do processo e também da história do seu negócio. As pessoas gostam de se sentir parte de uma jornada, então use isso a seu favor.

Vejamos um exemplo de uma empresa de serviços:

Empresa existente: Uma pequena empresa de serviços que emprega dois funcionários mais o proprietário, operando a partir de três veículos de serviço.

Visão de três anos: Ter 100 clientes em cada uma das três novas cidades adicionais. Isso pode ser dividido na abertura de uma nova cidade a cada ano até atingir a meta de três anos.

Conquistas:

O primeiro passo é dividir isso em cidades. Queremos concentrar-nos primeiro numa única cidade, assumindo que não temos recursos para visitar mais cidades ao mesmo tempo.

O que devemos fazer para nos concentrarmos em entrar na cidade escolhida? Pessoalmente, eu escolheria a cidade vizinha mais próxima, pois será mais fácil e barato obter recursos. Você não conseguirá muitos negócios da noite para o dia, então precisará recorrer a recursos da equipe existente.

Quem é seu cliente? Identifique todos os possíveis clientes, identifique nichos, se possível, e informe todos sobre seus planos. Conte também aos seus clientes existentes sobre seus planos. Você pode descobrir que os clientes existentes estão presentes em áreas vizinhas ou talvez conheçam pessoas em seu setor e possam indicá-los para você. O próximo marco deverá ser garantir seu primeiro contrato na nova área.

Em seguida, você desejará aumentar seus canais de vendas nessa área. Lembre-se de que você está financiando o novo local com suas operações existentes, portanto, talvez seja necessário investir em um ou dois funcionários extras ou correrá o risco de perder seus clientes existentes. Sua estratégia deve incluir um plano para reter e expandir sua localização existente, caso contrário, você acabará trocando seu local existente por um novo local.

O próximo marco será garantir seus primeiros 10 clientes (ou qualquer critério de medição que você escolher usar).

Continue crescendo novo cnúmeros de clientes como este. Seu próximo marco será garantir seus primeiros 30 clientes.

Quando você atingir o marco de conquista da primeira cidade, você conhecerá o processo que executou e deverá ser capaz de copiá-lo ou ajustá-lo para melhorá-lo à medida que desenvolve sua segunda nova cidade. Durante esse processo, certifique-se sempre de reter os clientes existentes e de continuar expandindo suas operações existentes, tanto no local original quanto em sua primeira nova cidade.

Lembre-se: um negócio que não está crescendo é um negócio que está morrendo.

Uma forma de gerenciar seu crescimento é recrutar pessoal adequado para se concentrar no negócio existente ou no crescimento do negócio. De qualquer forma, o proprietário do negócio deve concentrar-se na outra parte do negócio, seja o crescimento ou o negócio existente. Fazer isso libera sua mente para se concentrar apenas em uma área do negócio e, à medida que ela cresce, você descobrirá que, se se esforçar de muitas maneiras, eventualmente algo irá quebrar e você poderá perder tudo.

É aqui que é útil conhecer o seu tipo de personalidade. Olhando de volta ao sistema de perfil, euf seu Se a força da personalidade for o perfil Dynamo ou Blaze, você deve focar no projeto de crescimento. Se você tem perfil de ritmo ou aço, deve se concentrar em seu negócio existente e ter outra pessoa em sua equipe (de preferência alguém que seja um perfil de dínamo ou de chama) para se concentrar no projeto de crescimento.

Depois de definir marcos para alcançar sua visão, você precisa definir prazos alcançáveis e realistas para cada cidade. Normalmente divido a seção detalhada em meses e a seção mais ampla em trimestres ou anos. Trabalhe com sua equipe, usando todos os tipos de personalidade para chegar a prazos realistas, usando um 'Sucesso otimista' 'Sucesso Pessimista', e 'Média Ssucesso'cenário tags como sua estrutura.

Neste exemplo, você fará com que cada membro da sua equipe determine quanto tempo eles acham que cada meta levará para ser alcançada, usando cada uma das três tags listadas acima. Escreva-os em uma tabela abaixo de cada título. Em seguida, calcule a média dos prazos de cada um. Por exemplo, o Sucesso Otimista pode ter 4 semanas, 5 semanas, 6 semanas e, nesse caso, você dirá seu o prazo mais otimista é de cerca de 5 semanas. Faça o mesmo para o sucesso pessimista.

Para a média é sucesso, pegue os resultados das estimativas otimistas e pessimistas e calcule a média entre as duas. Este é o cronograma no qual você deve basear seu plano.

A probabilidade é que, à medida que seu negócio cresce, as coisas se desenvolvam muito mais rápido do que suas expectativas iniciais, porque algumas tarefas começarão a se tornar mais naturais para você e sua equipe. O que tenho visto acontecer nos nossos próprios negócios é que as coisas começam devagar e tendem a ganhar impulso, um pouco como um efeito de bola de neve, por isso, para começar, não parece que estamos a fazer muito progresso, mas com o tempo, tudo parece clicar e se encaixar.

Quando conhecemos os marcos e os prazos, podemos planejar adequadamente como alcançaremos cada um deles. Novamente, para isso, basta dividir cada marco em pequenas tarefas e, se você tiver uma equipe que possa dedicar à tarefa, atribua a responsabilidade por essas tarefas a esses membros da equipe e deixe-os assumir a responsabilidade pela tarefa.

Alinhado com seus marcos, defina metas para valores de vendas e lucro em cada marco. Lembre-se de que se você puder avaliar seus critérios de sucesso, poderá atingir suas metas muito mais rapidamente.

Estratégia

Existem vários caminhos que você pode seguir para alcançar sua visão. Isso pode incluir qualquer um dos seguintes:

- Aumente as vendas em seu existente ofertas de produtos
- Adicionar uma nova linha de serviço/linha de produtos gratuita
- Aumente o lucro em vez das vendas
- Compre um negócio
- Compre uma franquia
- Licenciamento

Falaremos sobre cada um individualmente.

Aumente as vendas em seu existente ofertas de produtos
- Atraia mais clientes locais
- Venda para todos os leads anteriores
- Melhore as conversões de vendas
- Abra um novo local
- Aumentar os canais de vendas

Ao usar os dados medidos anteriormente, você saberá quem são seus clientes e de onde eles vêm. Se você sabe, por exemplo, que 40% de suas consultas são provenientes de publicidade em uma determinada revista, você deve aumentar a publicidade nesta revista ou em revistas semelhantes.

No entanto, quando você avalia mais detalhadamente, descobre que apenas 1% dessas consultas resulta em uma venda. Com esse tipo de análise, você pode supor que essa publicidade é

uma perda de tempo e dinheiro, que esse público não é adequado para o seu negócio ou que você está passando a mensagem errada na publicidade, levando a uma baixa conversão de vendas.
cotações.

Adicione uma nova linha de serviços/produtos gratuita

- Identifique o que os rivais estão vendendo e você não
- Quais habilidades sua equipe possui?
- Que produto/serviço semelhante seus clientes estão comprando?
- Eles comprarão de você se você adicionar o produto/serviço à sua oferta existente?

Essa tem sido uma estratégia que tenho usado muito em nossos próprios negócios. Minhas habilidades naturais são criar e empacotar novas ofertas de produtos. Quando tivemos nosso negócio de contratação elétrica e mecânica, há muitos anos, ele começou apenas fornecendo serviços básicos de contratação elétrica. Com o tempo, criamos novas ofertas de produtos especializados, incluindo uma divisão de incêndio e segurança, uma divisão de eletrodomésticos, uma divisão de dados e telecomunicações, uma divisão de áudio visual e uma divisão de automação residencial inteligente. Todos estes eram produtos e serviços que os nossos clientes existentes já compravam a outras empresas, por isso, ao fornecê-los nós próprios, significou que nos tornámos o "balcão único" para tudo o que precisavam.

Aumente o lucro em vez das vendas

- Reduzir custos de despesas gerais
- Reduza os custos de entrega
- Procure economias de eficiência
- Aumente as conversões de vendas
- Marketing direcionado baseado apenas nos melhores resultados medidos
- Introduzir ou melhorar sistemas
- Terceirização de atividades não essenciais
- Concentre-se apenas nas atividades mais lucrativas (80% dos lucros normalmente vêm de apenas 20% dos clientes)

- Faça parceria com outras empresas semelhantes
- Adicione 5% a 10% aos seus preços de venda.

Há uma grande chance de que algumas atividades ou ofertas de produtos percam o dinheiro do seu negócio ou, pelo menos, não sejam tão lucrativas quanto outras áreas do negócio. O problema é que, sem saber disso, você continua alimentando igualmente todas as partes do negócio.

Uma oferta de produto pode exigir o recrutamento de pessoal adicional, então você alimenta o investimento para que isso aconteça, mas depois de analisar de onde vem o lucro, você descobre que as áreas em que investiu pesadamente mal estão atingindo o equilíbrio.

Ao usar a análise medida anterior, você verá exatamente de onde vêm seus lucros existentes, onde pode ajustar as coisas e o que pode perder sem prejudicar seu negócio e, ao mesmo tempo, melhorar as margens de lucro. Aumentar os lucros não significa apenas aumentar os preços. Se você puder reduzir seus custos em 10% e adicionar 10% ao preço de venda, na verdade verá mais de 20% de lucro adicional enquanto realiza relativamente pouco trabalho.

Não tenha medo de adicionar um pequeno aumento de preço aos seus preços de venda. Seu cliente notará um aumento de preço de 5% a 10% de qualquer maneira? Vejamos meu exemplo abaixo para demonstrar o que quero dizer.

Pré-crescimento

Vendas	US$ 100.000
Custos	US$ 80.000 (80%)
Lucro líquido	US$ 20.000 (20%)

Pós-crescimento - aumento de 10% no preço de venda, redução de custos de 10%

    Vendas   US$ 110.000
    Custos   US$ 72.000
    Lucro líquido US$ 38.000 (34,5%)

No exemplo, saltamos de um lucro líquido de 20% para um lucro líquido de 34,5%. Em termos reais, você quase dobrou seus resultados financeiros.

Compre um negócio

- Comprando um concorrente local
- Comprar uma empresa local gratuita
- Comprar um concorrente em outra área
- Comprar um negócio gratuito em outra área

Comprar uma empresa, se feito corretamente, pode ser uma das maneiras mais fáceis e rápidas de expandir seus negócios. Considere que, se você comprasse uma empresa concorrente, obteria efetivamente muito mais clientes, mas também obteria funcionários e a boa vontade que foi construída ao longo dos anos. Você também reduzirá o número de rivais contra os quais está competindo. Existem vários caminhos para fazer isso, e você pode querer manter ambos os negócios operando sob marcas separadas, talvez tendo um no segmento superior do mercado, enquanto o outro se concentra no extremo oposto do mercado.

Ao comprar uma empresa, há riscos a serem observados, se esta for sua estratégia, e qualquer estratégia de aquisição de negócios deve ser cuidadosamente considerada para se alinhar aos seus objetivos de negócios.
Uma opção semelhante pode ser fundir-se com uma empresa, onde você sinta que pode haver uma colaboração de interesses. Aquisições de empresas é algo em que trabalhamos muito e, com a geração baby boomer representando 70% de todos os proprietários de empresas, isso significa que há

muitas pessoas que esperam se aposentar até 2035.

Compre uma franquia

Comprar uma franquia é comprar os direitos de usar o reconhecimento da marca de outra pessoa, talvez até alguns clientes, linhas de serviço adicionais, nichos de mercado, sistema de entrega do produto, etc. custo. Se houver dez players em seu mercado local e você possuir dois deles, você terá, teoricamente, o dobro do potencial de crescimento de qualquer um de seus rivais. Outro motivo para comprar uma franquia é atingir um tipo diferente de cliente.

Por exemplo, muitas empresas nacionais optam por não comprar a fornecedores locais mais pequenos, selecionando em vez disso um fornecedor com presença a nível nacional. É aqui que uma empresa de franquia pode ser uma estratégia inteligente a ser escolhida.

Licenciamento

Licenciamento significa que uma empresa concede a outra empresa os direitos exclusivos de distribuição do seu produto ou serviço num determinado território geográfico. Isto é muito semelhante ao franchising, exceto que é mais comumente associado a produtos físicos do que a serviços.

Por exemplo, se a sua empresa for um varejista de eletrônicos, pode haver um novo console de jogos com recursos melhores do que outros consoles. Ao se tornar o licenciado deste produto, você obtém direitos exclusivos para vender o console de jogos em sua loja. Ao fazer isso, você terá muito mais clientes entrando em sua loja para comprá-lo.

Isto obviamente tem outros benefícios claros. Os clientes não apenas compram o produto de você, aumentando seus números de vendas/lucro, mas também podem comprar outros itens de você durante a visita. Lembre-se de que normalmente se espera que você comercialize o produto para o público-alvo de sua área, portanto, há um fator de custo além dos custos de licenciamento.

O licenciamento pode funcionar de várias maneiras. Pode ser esperado que você compre um número mínimo de unidades do fabricante durante um período especificado, pode ser necessário pagar uma taxa inicial ao fabricante ou pode ser necessário pagar uma taxa de licença contínua, como uma porcentagem das vendas ou custo por unidade vendida. Já vi muitos arranjos em que uma combinação dos três foi usada.

Um exemplo muito mais comum de licenciamento que muitas pessoas ter provavelmente experimentado em algum momento, é quando você compra software para o seu computador.

A empresa de software normalmente cria o software e depois o vende com uma licença por usuário. Isto é nNão é uma licença de revendedor, mas sim uma licença de usuário, mas essencialmente funciona da mesma maneira, já que o licenciante obtém uma receita de cada licença vendida.

Se a sua empresa cria produtos, o licenciamento pode ser um caminho para o crescimento. Se os clientes quiserem comprar o seu produto, isso certamente o ajudará a financiar o crescimento, uma vez que a maior parte dos custos será suportada pelo licenciado.

Existe uma rota mais básica de licenciamento, ou de se tornar um licenciado, que é através do marketing de rede ou multinível (MLM).

É basicamente aqui que você se torna um agente de vendas local de uma grande marca. Não custa tanto quanto comprar uma franquia e geralmente você tem liberdade para vender como e quando quiser. Existem várias empresas que fazem isso, mas a maioria delas é específica para os setores de beleza, bem-estar ou produtos de limpeza. Isso inclui marcas como Avon, Kleeneze e Herbalife. A menos que você deseje fazer isso como um empreendimento de meio período, separado de seu negócio principal, eu apenas aconselharia assumir uma marca que complemente seu negócio existente. Se o seu negócio for uma academia local, por exemplo, você pode comprar um produto de bem-estar que possa complementar seu negócio de academia, por exemplo, talvez um suplemento alimentar ou um programa de dieta.

Para se tornar um agente de uma empresa de MLM, você paga uma taxa inicial básica. Esta taxa inclui a preparação de produtos de amostra, cartões de visita, um site de vendas, uniforme de marca, treinamento etc., e então você está livre para obter vendas. Várias empresas de MLM podem fornecer tudo em um modelo baseado em assinatura, em que você paga uma taxa contínua todos os meses. No entanto, cada empresa de MLM é diferente.

O que nós precisamos?

Sabemos exatamente o que já temos. A partir da sua visão e estratégia, sabemos o que você precisa no futuro (e esperamos que em cada marco), por isso estamos comparando os dois e determinando o que precisamos e quando precisamos, para concretizar nossa visão e alcançar nossos objetivos.

No mundo da consultoria ou gerenciamento de projetos, esse processo é chamado de análise de GAP.

Precisaremos examinar as seguintes áreas do negócio:

1. Aumente seus canais de vendas
2. Aumente sua equipe
3. Construa seus sistemas e processos
4. Financiamento seguro

Sua visão depende de como você desenvolverá cada uma dessas áreas, mas sua estratégia geral deve ser desenvolver todas elas juntas, alinhando-as sob uma meta ou marco compartilhado. Por exemplo, não faria muito sentido comercializar um serviço para a indústria manufatureira se você tivesse treinado sua equipe para o setor varejista, em vez de prestar o serviço na indústria manufatureira.

Fazer seu negócio crescer exige apenas foco e perseverança.

Aumente seus canais de vendas

A maioria das pessoas não entende o que são canais de vendas. São basicamente qualquer rota direta ou indireta para vender ou fornecer algo ao seu cliente.

É aqui que muitas empresas ficam aquém. Às vezes, os proprietários acreditam que há apenas uma ou duas maneiras de vender seu produto/serviço. Se você não é bom em ter ideias para alcançar seu cliente, contrate alguém que seja naturalmente bom nisso. Essa é uma habilidade que vem naturalmente para mim, tenho uma planilha no meu computador que atualizo toda sexta-feira. Na minha última contagem, ele contém mais de 4.000 ideias sobre estratégias de crescimento ou formas de comercializar um negócio.

Veremos as formas mais comuns de alcançar seu cliente, mas esta lista não é de forma alguma exaustiva. Na verdade, está apenas tocando as bordas.

- Mala direta
- Marketing de email
- Local na rede Internet
- Site de comércio eletrônico (seu próprio wsite)
- Plataforma de comércio eletrônico (amazon, ebay etc)
- Site de comparação de preços de comércio eletrônico (Expedia, Booking.com)
- Podcast
- Publicidade em banners on-line
- Publicidade PPC online (pagamento por clique)
- Publicidade tradicional
- Parceiros

- Revendedores
- Distribuidores
- Agentes
- Franqueados
- Licenciados
- Grupos de compras da indústria
- Redes de referência

Aumente sua equipe

A partir de sua análise de GAP, você deve saber quais funções são necessárias e quais conjuntos de habilidades ou qualificações cada uma delas constitui. Depois de identificá-los, você poderá ver onde precisa implementar um plano de treinamento para esses membros de sua equipe.

Nesta fase, gostaria de salientar que se você deseja expandir o seu negócio, vale a pena aprender um pouco sobre as leis trabalhistas, bem como as regulamentações de saúde, segurança e bem-estar em sua área local. Além disso, se você planeja expandir geograficamente, precisará aprender sobre isso para cada área em que opera o negócio, pois as regras e regulamentos podem ser diferentes.

Vale a pena trabalhar com um consultor local de RH (Recursos Humanos), pois eles costumam fornecer diversos serviços para ajudar as pequenas empresas no processo de recrutamento.

Esses consultores também podem garantir que você tenha todas as políticas e procedimentos corretos em vigor para limitar qualquer responsabilidade caso um funcionário insatisfeito faça uma reclamação contra você ou a empresa.

Alguns consultores têm várias apólices de seguro disponíveis que reduzirão sua responsabilidade caso o reclamante consiga fazer uma reclamação contra você. Na maioria das ações trabalhistas, os tribunais favorecerão o empregado e não o empregador, por isso vale a pena ter em mente que um pequeno custo extra agora pode ser necessário para evitar um custo muito maior no futuro. Na sociedade atual de "perseguição de ambulâncias", há muitos advogados dispostos a apresentar uma queixa contra si, independentemente da justificação legal, por isso vale a pena reduzir qualquer elemento de risco para si ou para a empresa.

Vejamos como cada tipo de personalidade desempenha um papel no crescimento do seu negócio. Como mencionei antes, todos podem desempenhar cada um dos papéis, portanto, apresentá-los como uma fraqueza não significa que o tipo de personalidade não possa desempenhá-los, apenas não é o papel mais forte ou natural que se adapta ao seu tipo de personalidade.

Para dar um exemplo disso, imagine dois dias distintos em sua vida profissional. Em um dia, o dia pode parecer muito bom e o tempo passa muito rápido, você fica feliz e não sente nenhum estresse.

Em outro dia, o tempo pode passar muito devagar, você pode olhar para o relógio a cada poucos minutos, desejando que o dia termine. Nesse cenário, a primeira opção ocorre porque você está executando tarefas que se adequam naturalmente à sua personalidade. Neste último exemplo, é muito provável que você esteja realizando tarefas que, embora possam ser executadas bem, não são naturais para você e muitas vezes podem causar uma sensação de estresse ou ansiedade.

A minha força pessoal é o perfil do Dínamo. Como você aprenderá, o perfil Dynamo é melhor para apresentar novas ideias, mas não muito forte para entrar em detalhes ou fazer coisas como gerenciamento de projetos, pois enquanto o trabalho é feito, os detalhes tendem a ser perdidos, pois o O perfil do Dynamo é um "quadro geral", focado no futuro. A primeira parte da minha carreira foi passada em gerenciamento de projetos e em funções altamente técnicas, mas minha maior paixão, os momentos em que realmente me sentia vivo, foi quando estava criando as novas ofertas de produtos de que falamos anteriormente.

Perfil do Dínamo.

Forças:

- Eles são altamente criativos, apresentando naturalmente novas ideias, novos produtos, invenções, designs e reinventando maneiras de fazer as coisas melhor.
- Eles se comunicam com o "quadro geral" sempre em mente. Você os conquistará vendendo-lhes o panorama geral, em vez de falar sobre os detalhes do projeto ou como você o alcançará.
- Eles são os melhores em funções que apresentam novas maneiras de fazer as coisas, talvez iniciando um novo serviço ou linha de produtos.

Fraquezas:

- Gerenciando um projeto

- Concluindo tarefas maiores
- Não gosta de perfeccionismo
- Impaciência, eles não gostam de atrasos
- Ignore os detalhes de qualquer projeto
- Eles odeiam conversa fiada
- Baixo limite de tédio
- Não gosto de repetição

Estratégia:

- Coloque-os em funções onde você precisa de uma nova abordagem
- Mantenha-os em novas tarefas ou projetos curtos
- Não os coloque no comando do controle de qualidade
- Se estiver liderando um projeto, certifique-se de ter alguém focado nos detalhes da tarefa

Perfil de chama.

Forças:

- Bom em construir relacionamentos com pessoas
- Promover uma marca
- Normalmente muito extrovertido

Fraquezas:

- Não é bom nos detalhes de uma tarefa
- Eles não gostam de papelada
- Eles não gostam de ficar presos à mesa ou em ambientes sem pessoas
- Pode ser visto por outras pessoas como ocasionalmente dramático demais em situações
- Eles gostam de tornar tarefas simples muito complexas e geralmente ampliá-las

Estratégia:

- Coloque-os em uma função de vendas ou de contato com pessoas, onde a atenção aos detalhes não é necessária
- Tente remover o máximo de papelada possível

- Se possível, contrate um assistente para cuidar de suas responsabilidades burocráticas. Ao escolher um assistente para apoiá-los, escolha entre os tipos de perfil Tempo ou Steel para complementar o perfil Blaze

Perfil de andamento.

Forças:
- Bom em realizar tarefas práticas
- Gosta do detalhe
- Gerenciamento de projetos
- Tempo
- Continuando com a tarefa

Fraquezas:
- Eles não são bons em criar coisas novas
- Eles não gostam de mudanças; eles preferem a certeza

- Sua atitude perfeccionista faz com que algumas tarefas nunca sejam concluídas.

Estratégia:

- Este perfil é sobre QUANDO: Quando as coisas vão acontecer? Essa é a sua força; use isso como sua estratégia para este perfil. Se você precisar de uma tarefa com alto nível de detalhe, atribua a eles a responsabilidade por ela
- Nos projetos, certifique-se de ter um perfil Tempo para equilibrar os detalhes e os elementos de tempo com uma abordagem de ideias novas do perfil Dynamo. Isso também ajudará a avançar uma tarefa, pois a Dynamos sempre levará o projeto adiante em direção à linha de chegada, sem se importar tanto com o perfeccionismo. Ao equilibrar um perfil altamente perfeccionista com um perfil zero perfeccionista, você pode obter um bom equilíbrio.

Perfil de aço.

Forças:

- Eles adoram papelada, números, análise de dados, medição e sistemas
- Eles gostam de terminar tarefas e aperfeiçoar coisas
- Eles amam os detalhes e precisam entender o COMO de um projeto
- Eles normalmente são bons em gestão financeira, sistematização e organização de coisas
- A maioria das pessoas nesta categoria parece avessa às pessoas, muitas vezes introvertida e pode ser vista por outros como "geeks" e "nerds"; muitas vezes ficam entusiasmados com o trabalho que os outros costumam considerar chato
- Eles são bons em fornecer análises e relatórios detalhados.

Fraquezas:

- Eles não gostam de mudanças; eles preferem a certeza

- Muitas vezes visto como irritado pelo "quadro geral", perfis do Dynamo e Blaze, eles precisam entender o detalhes de tudo antes de acreditarem nisso
- Embora sejam bons em concluir tarefas, não são tão bons em iniciar uma tarefa
- Muitas vezes, eles podem ser socialmente aversivos e podem ser mal interpretados pelos outros como arrogância, embora muitas vezes sua natureza introvertida signifique apenas que não são bons comunicadores verbais.
- Muitas vezes, eles podem ficar presos em detalhes e precisar de ajuda para ver o panorama geral.

Estratégia:

- Bom em funções de back office. Preferem espaços tranquilos, muitas vezes trabalhando sozinhos ou em grupos muito pequenos. Trabalhar em escritório de plano aberto não é adequado para eles
- Coloque-os em funções de construção ou lidar com sistemas, auditoria, gestão

financeira, estimativas, gestão de fluxo de caixa, gestão de projetos, funções baseadas em TI

- Este perfil complementa perfeitamente o perfil Blaze, pois são opostos. No entanto, por serem opostos, eles podem tender a irritar um ao outro

Estratégia geral.

É melhor ter uma equipe composta por pelo menos um membro de cada grupo. À medida que o seu negócio cresce, ele deve ser composto principalmente por perfis TEMPO, que são os executores ou as pessoas que realizam o trabalho. Os outros tipos de perfil oferecem suporte aos membros da equipe do perfil Tempo.

Cada perfil precisa dos demais ao seu redor para que um projeto ou negócio seja bem-sucedido.

Para dar um exemplo, os DYNAMO são o início do ciclo. Eles criam e reinventam coisas. Eles precisam dos sistemas ou do financiamento disponível para permitir que façam isso, o que é fornecido pelo perfil STEEL. Eles também precisam dos relacionamentos de vendas e pessoais desenvolvidos pelo perfil BLAZE.

O perfil BLAZE é o segundo no ciclo. Pessoas com este perfil constroem relacionamentos e equipes, promovem e, por fim, 'vendem as ideias' do perfil DYNAMO. Sem as ideias sendo criadas, o perfil BLAZE teria dificuldade para fazer qualquer coisa. Da mesma forma, o perfil BLAZE precisa do perfil executor TEMPO para iniciar as tarefas e fornecer o elemento de tempo e detalhes das tarefas.

O perfil TEMPO é o terceiro do ciclo. Essas pessoas se concentram no tempo e nos detalhes, em fazer as coisas, em vez de pensar nelas. Eles se sentem desconfortáveis em vender coisas e construir relacionamentos e equipes; eles precisam do perfil BLAZE para ajudar nisso. Se o produto não foi vendido, eles não têm nada a fazer. Da mesma forma, eles precisam dos sistemas do perfil STEEL para ajudá-los a serem pagos pelo produto e para manter as coisas simples. O perfil STEEL os ajuda a concluir o processo.

O perfil STEEL é o quarto do ciclo. Pessoas com esse perfil gostam de simplificar as coisas. Eles se concentram em tornar as coisas complicadas o mais simples possível. Se a tarefa não tiver sido concluída pelo perfil TEMPO, eles não poderão configurar nenhum sistema ou simplificar o processo. Da mesma forma, se o perfil DYNAMO não cria ou reinventa novas ideias, e integra os sistemas do perfil STEEL, não há razão para a existência do perfil STEEL.

Nenhum perfil pode existir com sucesso sem pelo menos dois outros perfis, mas se eles se unirem, complementam-se e tornam-se extremamente bem-sucedidos no seu objetivo mútuo.

Se você estiver iniciando um projeto, é importante incluir pelo menos três tipos de perfil no projeto para garantir um bom equilíbrio.

Construa seus sistemas e processos

Você desenhou um organograma para o seu negócio existente? Se não, faça isso agora. Se você não sabe o que é um organograma, pense nele como uma árvore genealógica ou um gráfico genealógico. Depois de obter um gráfico de pré-crescimento, desenhe outro gráfico novo para o negócio que é sua visão. Liste todas as funções que ocorrerão em sua empresa daqui a um ano (ou em qualquer período em que você esteja trabalhando). É uma boa ideia fazer isso para sua visão de três anos e sua visão de um ano. Ao fazer isso, você pode ver as funções que precisará preencher e quando. Esse processo faz parte do desenvolvimento de sua equipe. Se você definiu seus marcos, poderá fazer um gráfico separado para cada marco, para que possa entender melhor como o negócio ficará em cada estágio de seu desenvolvimento.

A seguir, para cada função, você precisa escrever o que cada pessoa faz e quais são suas responsabilidades. Você já listou todas as tarefas que acontecem no seu negócio?

Caso contrário, você terá que trabalhar nisso a seguir. Passe algumas semanas e siga o processo.

Comece considerando o ciclo de vida de um cliente, abrangendo o que você faz para identificar um cliente potencial, marketing, vendas, negociação, garantir uma venda, assinar os contratos, processar o pedido de compra, entregar o pedido, gerenciar o controle de qualidade, gerenciar o atendimento ao cliente, faturamento o contrato, contabilidade financeira, testes de sistemas e conformidade da empresa. Com cada procedimento, haverá pelo menos um documento, formulário, certificado ou planilha para acompanhá-lo.

Por exemplo, pode ser um modelo de documento de proposta de vendas ou uma lista de verificação para verificar o controle de qualidade. Você pode seguir um membro da equipe e observá-lo desempenhando suas funções com novos olhos, quase como se fosse seu primeiro dia de trabalho e não soubesse como as coisas funcionam. A menos que você seja um perfil Steel, você pode preferir atribuir essa tarefa a alguém que o seja.

Alternativamente, se você tiver um perfil Blaze, poderá gostar de colocar tudo em vídeo e ser o rosto da empresa. Uma estratégia é fazer com que o perfil de aço crie o sistema e, em seguida, fazer com que o perfil blaze o divulgue para a equipe.

Pense no seu primeiro dia, quando você começou no mundo do trabalho. Embora sejam tarefas mais simples agora, elas podem ter sido bastante desafiadoras para você realizar no primeiro dia. Você provavelmente queria deixar sua chefe feliz na época, mas não sabia como ela gostava de fazer as coisas. Esta é a sua chance de entrar no lugar do "primeiro dia" novamente.

Outra oportunidade poderia ser contratar um novo membro da equipe. Como parte do processo de treinamento com esse membro da equipe, você pode acompanhar esse processo e registrá-lo.

Muitas empresas que documentam seus sistemas fazem isso apenas no papel. Embora eu ache importante ter uma versão escrita dos sistemas, uma versão em vídeo também pode ser útil. Muitas vezes é mais fácil para as pessoas aprenderem com vídeos do que lendo no papel. E na era tecnológica de hoje, os vídeos estão disponíveis no bolso dos nossos funcionários, através da utilização dos seus telemóveis e sites de partilha social como o YouTube e o Vimeo. Todos têm acesso aos procedimentos, independentemente da sua localização.

Você ainda precisará da versão documentada de quaisquer formulários ou documentos ativos, mas eles geralmente estão disponíveis na nuvem e em unidades ou aplicativos on-line.

A ideia básica deste sistema é que embora o colaborador já deva saber geralmente o que fazer, pode sempre voltar ao documento ou vídeo como referência para obter o processo absolutamente perfeito. Sistemas e procedimentos podem ser usados para tornar o negócio mais eficiente.

Como eu disse antes, mesmo com os sistemas em funcionamento, você ainda terá alguns funcionários que realmente não querem o trabalho. Talvez eles estejam sendo empurrados para isso por forças externas. Você não pode treinar essas pessoas para fazerem coisas que elas não querem. Eles podem fazer o trabalho, mas terão resultados medíocres, e se você empregar vários funcionários medíocres, o negócio também acabará sendo medíocre. Muitas vezes, isso também pode ter um impacto desmoralizante sobre outros membros da equipe.

Isso é algo que tenho visto quando contratamos aprendizes em nosso negócio. Para muitos, o indivíduo foi forçado a fazer um estágio de aprendizagem pela família ou porque não conseguiu obter subsídio de desemprego do governo. Muitas vezes as famílias conseguem ver um determinado trabalho através dos seus próprios olhos, em vez de o verem através dos olhos individuais. *'Arranje uma troca, as pessoas sempre precisarão de um eletricista ou encanador'* pode ser um bom conselho, e talvez seja um conselho que o membro da família gostaria de ter seguido, mas numa época em que as crianças crescem com tanta tecnologia, talvez vejam o futuro do mundo de forma muito diferente da geração anterior. Misture este "emprego forçado" com um perfil de personalidade errado e é uma receita para um indivíduo muito infeliz.

Ao inserir sistemas e procedimentos como parte do contrato de trabalho com os funcionários, eles concordam em trabalhar de acordo com as suas regras. Se você descobrir que eles desrespeitam abertamente suas regras ou fazem as coisas do jeito deles, isso pode ser usado como motivo adequado para demissão.

Pense nas grandes redes de fast food, como McDonalds ou Dominos Pizza. Eles têm um processo muito específico que é seguido para criar o produto final. Vá para Londres, Nova York, Sydney ou Cidade do Cabo e você obterá o mesmo produto, com aparência e sabor exatamente da mesma maneira. Se o seu funcionário não seguir o processo, aquele hambúrguer terá uma aparência ou um sabor muito diferente e, de repente, começará a prejudicar a reputação da sua empresa.

Causar danos à reputação empresarial é motivo para demissão de funcionários.

Obviamente, é sempre melhor consultar um advogado trabalhista local sobre isso, e eles o ajudarão a fazer as coisas da maneira correta, mas os procedimentos e sistemas ajudam muito no seu caso e, ao mesmo tempo, reduzem qualquer reclamação potencial de demissão sem justa causa por parte de um funcionário insatisfeito. . Se você também criar um procedimento, trabalhando com seu consultor de RH, isso impedirá que qualquer funcionário júnior ou inexperiente aplique ações disciplinares inadequadas a outros funcionários, o que também deixaria a empresa aberta a litígios.

Financiamento seguro

Você precisará de um elemento financeiro para apoiar seu crescimento. Usando seus marcos como orientação, você pode dividir os custos de cada seção para identificar quais fundos serão necessários para gerenciar o fluxo de caixa do negócio. À medida que você cresce, você trará novos funcionários e, por um curto período, isso ampliará o negócio até que ele tenha a chance de recuperar esses custos iniciais adicionais.

Pode ser possível fazer o fluxo de caixa dessas despesas através dos lucros existentes da empresa, assumindo que a empresa já obtém um lucro suficientemente grande. Provavelmente levará muito tempo para o negócio crescer contando apenas com esses fundos.

É importante, nesta fase, fazer uma projeção de fluxo de caixa, incluindo suas projeções para qualquer negócio existente, e adicionar a isso as parcelas de crescimento do negócio. Ao fazer isso, você também verá possibilidades de conciliar as atividades para adequar o fluxo de caixa e evitar que o negócio tenha problemas financeiros.

Então, quais são as opções para financiar o negócio?

a. Investimento em ações
b. Dívida
c. Reservas
d. Fundos de acionistas
e. Investimento conjunto
f. Subsídios

Veremos cada uma das opções em ordem.

Investimento em ações

Trazer novos acionistas pode ser uma boa ideia para uma empresa em crescimento. Dependendo do investidor, também pode abrir novas oportunidades para o negócio no sentido de abrir portas para novos clientes. No entanto, a desvantagem disto é que muitos investidores irão querer uma participação acionária no seu negócio, com alguns investidores procurando assumir até 80% do negócio total em troca do seu capital. Se o negócio estiver estabelecido e já tiver bons retornos, é possível negociar um nível de patrimônio reduzido.

Como avaliar seu negócio para investimento

O importante a lembrar ao avaliar uma empresa é não ser ganancioso. Você não está dando ao negócio um *à venda* avaliação; o valor do investimento é normalmente inferior a um *à venda* avaliação.

Qualquer investimento será feito com o objetivo de fazer crescer o negócio, o que significa que todos serão beneficiados. Sem esse investimento, a empresa provavelmente não crescerá e, na realidade, não será tão valiosa como um investimento seguro.

98,7% dos pequenos negócios anunciados no mercado de vendas não conseguem vender! A principal razão para esse fato é o seu tamanho em relação à sua valorização. Isto ocorre porque muitas pequenas empresas são geridas diariamente pelos seus proprietários e, para qualquer proprietário-comprador, isto acarreta um grande risco; muitos funcionários e clientes permanecem na empresa por causa do proprietário. Muitas vezes, quando uma pequena empresa é vendida, ou quando uma figura sênior da empresa sai, vários outros funcionários e/ou clientes também saem dentro de alguns meses.

Se você planeja vender seu negócio no futuro, aconselho que primeiro o expanda significativamente. Para fazer isso, você precisa de um investimento e de conhecimento e experiência para alcançar esse crescimento. Idealmente, você deseja que a empresa faça vendas na escala de sete a oito dígitos para conseguir um bom preço de venda. Há outras coisas a considerar também, mas no momento seu foco deve estar no crescimento, e não na venda do seu negócio.

Vamos avaliar o seu negócio para investimento.

- Para avaliar o investimento no negócio, observe o EBITDA médio (Lucro antes de juros, impostos, depreciação e amortização) valor nos últimos três anos
- Substitua o seu próprio salário pelo salário equivalente de mercado para a função que você desempenha. Muitos proprietários de empresas pagam a si próprios salários muito baixos, o que proporciona uma imagem mais justa do negócio. Isso é chamado de EBITDA Ajustado
- Multiplique esta média ajustada EEM UM número por Dois. Isso é chamado de múltiplo e, para pequenas empresas, geralmente varia de um a três
- Isso fornece uma estimativa aproximada de quanto vale o seu negócio quando se trata de garantir investimentos. Se a sua

empresa tiver muitas dívidas ou estiver em dificuldades, isso também afetará o valor da empresa

Aqui está um exemplo.

EBITDA: US$ 100.000

Seu salário: -US$ 10.000

Salário de Mercado de Substituição: +US$ 70.000

EBITDA Ajustado: US$ 40.000

Avaliação de Negócios: $ 80.000

(US$ 40.000 x 2)

Neste ponto, gostaria de salientar que em alguns setores existem diferentes múltiplos utilizados para fins de avaliação de um negócio. Usei três, pois é uma média para a maioria dos setores em que estive envolvido.

Na verdade, tudo se resume ao quanto um investidor gosta do seu negócio e com que rapidez ele precisa ver o retorno do investimento. Se você atua nos setores de tecnologia, manufatura ou imobiliário, essa avaliação pode ser totalmente diferente. No entanto, as pequenas empresas em geral podem ser avaliadas em um múltiplo de dois, já que a maioria dos investidores gosta de receber seu dinheiro de volta dentro de um período de dois a três anos, com qualquer tempo adicional focado em proporcionar lucro para eles.

Ao considerar esta rota, você também deve considerar registrar o investimento empresarial em qualquer esquema de investimento apoiado pelo governo. Isso reduzirá qualquer responsabilidade para os investidores quando eles saírem do negócio e poderá atrair tipos adicionais de investidores para o seu negócio.

Esses tipos de esquemas reduzirão os ganhos de capital a pagar quando eles saírem do negócio no futuro. Eles são bons motivadores para atrair investidores para o seu negócio.

Uma palavra de cautela se você estiver procurando por investimento em ações. Já vi muitos exemplos em que uma pequena empresa realizou um investimento de capital e ficou desapontada após três anos. Este investidor será seu parceiro no negócio. Se você está procurando apenas dinheiro, recomendo que haja opções melhores disponíveis para você.

Ao considerar esta rota, você deve considerar o que realmente precisa. O investidor deve ter experiência em alcançar o que deseja alcançar. Vejo tantas pessoas hoje em dia que se autodenominam investidores anjos, que não têm nenhuma experiência empresarial.

Simplesmente descontaram a sua pensão ou venderam uma propriedade de investimento e agora investem parte do seu dinheiro em pequenas empresas.

Outras vezes, mesmo que não tenham experiência empresarial, tentam envolver-se na forma como o negócio é gerido, dizendo aos empresários no que devem concentrar-se.

Se você acredita que ter um "investidor silencioso" é uma coisa boa, pense novamente. Se você acredita que ter alguém (sem experiência) envolvido com o negócio é uma coisa boa, você vai acabar se sentindo muito frustrado e, por falar com muitas pessoas nessa situação, gostaria de nunca ter iniciado o processo.

Minha experiência pessoal tem sido alcançar um crescimento rápido em um tipo e tamanho de negócio muito específicos.

Não trabalho com start-ups e raramente trabalho com empresas com vendas acima de US$ 30 milhões. É o ponto ideal entre os dois níveis: pequenas empresas estabelecidas, empregam pelo menos três funcionários, mas têm demanda comprovada dos clientes e são especialistas em entrega.

Isso porque sei a quem posso agregar mais valor no menor tempo e é isso que é importante para mim. Eu me envolvo no negócio, mas apenas nas áreas em que somos fortes, como construir uma base sólida e pronta para o crescimento, redesenhar o modelo de negócio, procurar novas estratégias para crescer, encontrar formas de aumentar os lucros, desenvolver novos produtos. ofertas, construindo parcerias estratégicas, colocando as pessoas certas nos lugares certos, construindo uma equipe de gestão, adquirindo negócios "parafusados" e, em geral, trabalhando em atividades estratégicas de alto nível. Além de atuar como mentor e coach da equipe de gestão, não me envolvo na gestão diária do negócio.

Dívida

A dívida é um investimento ou compromisso de sua parte para devolver o dinheiro ao credor. A menos que você tenha certeza de suas projeções planejadas e quase possa garantir que terá dinheiro para pagar a dívida todos os meses, não seria aconselhável fazer isso. O financiamento da dívida só é bom como uma ferramenta de apoio ao fluxo de caixa, como um empréstimo, um cheque especial ou um financiamento de fatura.

Na minha opinião, não é uma boa ferramenta como meio de financiar projectos de crescimento incerto porque não se pode ter a certeza do resultado do projecto de crescimento. Você também precisa fazer esse reembolso todos os meses. Você pode, no entanto, reivindicar a parte dos juros da dívida como uma despesa para a empresa e reduzir a obrigação fiscal da empresa. Ao contrair dívidas com a empresa, isso afetará o valor da empresa, além de potencialmente causar problemas com seus credores se você exceder seus índices de empréstimos, o que ocasionalmente pode significar que os empréstimos serão solicitados em curto prazo - o que basicamente significa que você terá que pagar o empréstimo dentro de alguns dias ou correrá o risco de perder sua casa.

A capacidade de garantir um empréstimo nesta forma dependerá do credor, juntamente com o balanço patrimonial da empresa e os índices financeiros conforme discutido acima. O credor muitas vezes pede aos acionistas que combinem os fundos do empréstimo com investimento de capital ou algum tipo de garantia, como sua casa ou outros bens pessoais.

Se você escolher a rota de financiamento da dívida e seus planos de crescimento não forem certos, isso pode significar o fim do negócio e um desastre financeiro pessoal para você e quaisquer outros acionistas, se você não conseguir cumprir os pagamentos. Ao contrário da rota de investimento em ações, a maioria dos financiadores de dívidas também não estará interessada em fazer apresentações a potenciais clientes.

Reservas

Se você tem reservas no negócio, talvez agora seja a hora de usá-las. No entanto, eu sempre incentivaria o proprietário de uma empresa a usar apenas parte de suas reservas de caixa, pois você ainda precisa de uma rede de segurança caso algo dê errado.

Fundos de acionistas

Se a empresa já tiver vários acionistas, pode valer a pena considerar que cada um invista o dinheiro.

Isso normalmente seria feito com base em uma porcentagem da propriedade. Por exemplo, se um acionista possuir 3% do capital, ele/ela faria 3% do investimento necessário ou então enfrentaria uma diluição da sua participação existente.

Investimento conjunto

Outra opção é criar um pool de investimentos, onde cada funcionário faz um investimento de capital. Isto poderia estar nos mesmos níveis de capital conforme declarado na seção de investimento em capital, mas em vez de ser oferecido a um único investidor, é oferecido a vários indivíduos ou a uma entidade legal criada para fins de propriedade conjunta. Se você estivesse crescendo em fases, poderia usar esse modelo de investimento para expandir o negócio por fase. Isto normalmente é chamado de "rodadas de financiamento" e é mais frequentemente visto em empresas de tecnologia iniciantes.

Uma área de preocupação para os fundadores e investidores em fase inicial com esta rota é que a sua participação acionária fica tão diluída a cada rodada de financiamento que, após alguns anos de crescimento intensivo do negócio, eles não possuem mais nenhuma parte da empresa.

Esta opção é ótima para conseguir adesão ao negócio, mas é improvável que ajude em termos do que outros investidores profissionais poderiam fazer pelo negócio, tanto em termos de experiência como de apresentações.

Há um ponto adicional a considerar aqui. Se um acionista possuir 15% ou mais do capital, ele automaticamente terá direito a voto. Vamos considerar que os funcionários formam uma pessoa jurídica sob propriedade conjunta, e essa pessoa jurídica possui 16% do capital do negócio. Eles teriam uma palavra a dizer sobre como o negócio era administrado. Contudo, se cada indivíduo receber capital próprio para um pequeno investimento, este poderá ser inferior a 1% de capital próprio por membro do pessoal. Você recebe o dinheiro e também mantém todo o controle do negócio.

Nesses casos, é necessário estabelecer regras claras relativamente ao investimento (por exemplo, o que acontece ao investimento de um funcionário quando este deixa a empresa).

Além disso, você não quer que um membro da equipe que possui 0,3% da empresa pense de repente que pode chegar atrasado para o trabalho ou que pode oferecer os serviços da empresa a seus amigos a preços baixos, só porque eles *ter* isto. Às vezes, uma situação pode fazer coisas engraçadas com as pessoas.

Observe que existem regras muito rígidas sobre como você pode ou não oferecer uma oportunidade de investimento, seja para funcionários ou para o público em geral, e você deve procurar aconselhamento e apoio jurídico em sua área local, antes de iniciar este processo, ou então você pode enfrentará uma sentença de prisão se errar.

Subsídios

Existem inúmeras bolsas disponíveis. Normalmente, baseiam-se em indústrias em crescimento ou na contratação de pessoas.

Eles mudam o tempo todo, mas na maioria das vezes você precisa gastar o dinheiro antes de recebê-lo de volta como subsídio. Em muitas ocasiões, você ainda não deve ter se inscrito no projeto ou gasto o dinheiro antes de fazer a inscrição. Este processo pode demorar muito e exigir recursos consideráveis para fazer a inscrição.

Certifique-se de que o prêmio do subsídio valha o tempo que levará para ser elaborado. Já passei cerca de 300 horas escrevendo um pedido de subsídio, apenas para vê-lo rejeitado por um pequeno detalhe. Vale a pena ter em mente que você pode não conseguir, afinal. Não confie todo o sucesso do seu negócio na obtenção de uma doação.

A melhor coisa a fazer é pesquisar na internet por bolsas disponíveis em sua área ou em seu setor.

Como alternativa, você pode pedir ajuda à sua associação comercial ou à câmara de comércio local, se for membro. Eles podem indicar a direção certa.

Qualquer que seja a opção escolhida para financiar o seu negócio, ela deve ser tomada com muito planejamento prévio. Você pode querer executar as diferentes opções em uma planilha, como se estivessem acontecendo em tempo real. Veja isso em termos de números de vendas, custos, mas também da aparência do balanço patrimonial. Imagine um cenário em que você contrai um empréstimo, mas precisa de fundos adicionais posteriormente.

Como será o seu balanço nesta data futura e você conseguirá garantir financiamento adequado com base na sua nova posição? Ao calcular os números, inclua alguns cenários preocupantes. Vamos imaginar que você tenha alguns devedores inadimplentes. Ao analisar os números dessa forma, você será capaz de compreender os cenários que podem acontecer e planejar sua estratégia de crescimento em torno deles.

Conclusão

Esperamos que este livro tenha lhe dado algumas dicas sobre algumas estratégias comprovadas para expandir seus negócios. A melhor estratégia é planejar com antecedência antes de fazer qualquer coisa. Se você puder se concentrar onde está agora, então construir um caminho e segui-lo, você acabará onde deseja estar.

É claro que você pode encontrar obstáculos ao longo do caminho, como tenho certeza que já enfrentou, mas se as coisas fossem fáceis, todos estariam fazendo isso. Você pode ter que mudar sua abordagem, mas contanto que mantenha seu objetivo final em vista, sempre trabalhe para alcançá-lo, os caminhos reais que você segue para chegar lá não são tão importantes. Eventualmente você chegará lá.

O crescimento dos negócios não se resume apenas ao dinheiro. Se uma empresa recebe investimento, isso não garante que terá um ótimo desempenho. Sabia que 99,7% das empresas apoiadas por investidores de capital de risco não conseguem sequer passar dos dois anos, por isso basear uma suposição em torno do crescimento em "ter o dinheiro" é simplesmente um disparate.

Ter a equipe certa, aliada à estratégia certa, é o que faz do negócio um sucesso.

Sobre o autor

Wayne Fox é um reiniciador de negócios, disruptor do setor, desenvolvedor de propriedades comerciais, futurista, autor de best-sellers e investidor. Diretor do grupo Enyaw, uma empresa de investimentos com sede no Reino Unido que investe em *'estilo de vida de liberdade'* empreendimentos. Ele tem experiência em alcançar um crescimento de receita de 7 e 8 dígitos em empreendimentos anteriores de PMEs.

Meus links on-line:

Site Wayne Fox: www.wayne-fox.co.uk

Grupo Enyaw: www.enyawgroup.com

Enyaw Capital: www.enyawcapital.com

Propriedade Enyaw: www.enyawproperty.co.uk

Linkedin:https://www.linkedin.com/in/waynefoxuk

Twitter: https://twitter.com/WayneFoxUK1

Instagram:https://www.instagram.com/waynefoxuk

YouTube:https://www.youtube.com/@WayneFoxUK

Udemy:https://www.udemy.com/user/wayne-fox-6

www.ingramcontent.com/pod-product-compliance
Lightning Source LLC
Chambersburg PA
CBHW070258230526
45470CB00002B/629